I fulmini

1

EasyReading™

Questo testo è realizzato con il carattere EasyReading™ - www.easyreading.it

Font ad alta leggibilità: strumento compensativo per i lettori con dislessia e facilitante per tutte le categorie di lettori.

Splēn edizioni

www.splen.it

ISBN 978-88-99268-00-8

I MITI IN SICILIA

Testo e illustrazioni di

Riccardo Francaviglia

Splen edizioni

Dello stesso autore nel catalogo Splēn edizioni

I miti in Sicilia (vol. 2)

Ecco come tutto ebbe inizio

La nascita del mondo e la lotta tra titani e giganti

Gea, la madre terra, fu la progenitrice del mondo e degli dèi dell'Olimpo. Prima non esisteva niente. Fu lei infatti a generare da sola le montagne, il mare e il cielo stellato, cioè Urano. Quando la prima pioggia cadde su Gea, Urano la fecondò e nacquero tantissimi figli: dodici titani, tre ciclopi e tre centimani. Ma il padre Urano, appena si rese conto della mostruosità dei suoi discendenti, non volle che questi venissero alla luce e così li rigettò nel ventre della madre.

Gea offesa da quel gesto si fece aiutare da Kronos, uno dei suoi figli titani, e una notte, mentre Urano dormiva, Kronos si avvicinò furtivo al padre e con un falcetto lo evirò. Il sangue di Urano cadde sulla terra e la fecondò, nacquero così altre divinità: le erinni, le ninfe e i giganti.

Kronos, dopo aver tagliato il membro di Urano, divenne una delle divinità più potenti e sposò Rea (figlia di Gea nonché sua sorella e anche lei titanide). Con lei ebbe cinque gemelli che furono chiamati Estia, Demetra, Era, Ade e Poseidone.

Il giorno del parto Urano e Gea andarono a trovare Kronos.

– Amore, hanno bussato alla porta!

– Vado io – disse Kronos – tu non muoverti!

Kronos aprì e riconobbe subito i suoi genitori.

Kronos: il pene tagliato da Kronos a Urano fu gettato in mare. Il seme di Urano e la schiuma del mare generarono la bellissima Afrodite, dea dell'amore.

– Accomodatevi!

– Voglio subito vedere questi nipotini – disse Urano.

Gea si diresse nella stanza in cui stava Rea con i sei figli e così Urano, rimasto da solo con Kronos, gli disse:

– Figliolo, ho fatto un sogno premonitore; uno dei tuoi figli regnerà al posto tuo.

– Uno dei miei figli? – chiese preoccupato Kronos.

– Già. Ascoltami, io non sbaglio mai le previsioni. Uno di loro ti spodesterà.

– Chi? Chi di loro? – chiese angosciato Kronos.

– Non so – rispose il padre – nella visione non riuscivo a vedere bene il volto.

Andati via Urano e Gea, Kronos fu preso dal panico; non riusciva a riposare, la sua mente era sempre rivolta al momento in cui doveva smettere di regnare contro la sua volontà. Allora prese una decisione mostruosamente definitiva e, mentre sua moglie dormiva, andò dai figli e li divorò uno ad uno.

Al risveglio Rea si aspettava di trovare come tutte le mattine Kronos seduto al tavolo in attesa della colazione. Invece si stupì quando lo vide fuori, ancora addormentato.

– Kronos! – fece lei smuovendolo per una spalla.

– Stai ancora dormendo?

Kronos si svegliò di soprassalto.

– Chi è? Ah, sei tu Rea.

– Vuoi fare colazione? – chiese premurosa.

– No, no grazie, ho la pancia piena – rispose Kronos.

– Piena? Ma se non hai mangiato niente!

– Ho mangiato i nostri figli – confessò Kronos.

Rea fu colta da sgomento e non riuscì a perdonare a suo marito quell'orrendo gesto, così quando scoprì che attendeva un altro bambino non gli svelò di essere incinta. Non appena i giorni del lieto evento si fecero vicini, Rea si allontanò da casa e andò a partorire presso l'isola di Creta e chiamò il suo bellissimo neonato Zeus. Poi tornò da Kronos con una pietra avvolta in una coperta e gli disse:

– Marito mio, ho partorito il nostro ultimo figlio – e gli porse il sasso avvolto.

Kronos, senza pensarci due volte, lo ingoiò come aveva fatto con gli altri, era convinto di essersi sbarazzato anche di questo pericolo, ma la profezia di Urano doveva ancora compiersi.

Zeus crebbe a Creta e, divenuto grande, conobbe Meti e le raccontò il suo destino.

– Mio padre ha divorato i miei fratelli e pensa di aver ingoiato anche me. Io sono sopravvissuto grazie a mia madre e adesso devo riprendermi ciò che è mio.

– Ti aiuterò io – disse Meti, figlia della titanide Teti e del titano Oceano – tieni, è una bevanda preparata da me. Offrila a Kronos e vedrai che succederà!

Il giovane Zeus salì dal padre e gli offrì da bere quell'intruglio. Kronos bevve tutto d'un fiato, poi il suo sguardo si stravolse, il corpo iniziò a contorcersi e improvvisamente Kronos vomitò tutti i suoi figli.

Adesso Zeus non era più solo e con l'aiuto dei suoi fratelli liberò i ciclopi che in cambio gli donarono il tuono, il fulmine e il lampo e così poté iniziare la lotta contro i titani per il governo dell'universo.

I titani erano tanti e troppo forti e per dieci lunghissimi anni nessuno ebbe il sopravvento fin quando Gea diede un consiglio prezioso al nipote:

– Libera i centimani, loro hanno una forza incredibile e sapranno tener testa ai titani.

– Non posso Gea! – rispose Zeus – Sono incontenibili e finiranno col distruggere pure noi.

– Devi ammansirli, – consigliò Gea – offri loro nettare e ambrosia e vedrai che ti ascolteranno e saranno la tua arma vincente.

Zeus ascoltò Gea e liberò i centimani, che lo aiutarono a sconfiggere i titani.

– Cosa ne facciamo ora? – chiese Poseidone.

– Costruisci delle porte di bronzo e fissale all'ingresso del Tartaro, li rinchiuderemo là per sempre.

Poseidone spalancò così le ante di quell'enorme portone che conduceva in un luogo sotterraneo e tenebroso, e lo chiuse alle spalle dei titani per l'eternità.

– Centimani! – ordinò Zeus – Voi resterete a guardia di queste porte per sempre.

La punizione eterna data da Zeus ai titani non piacque per niente a Gea che scagliò contro gli dèi dell'Olimpo i suoi più temibili figli: i giganti.

– Figli miei, Zeus e gli altri figli di Rea vogliono

diventare i padroni del mondo, escludendo così tutti voi. Alzatevi e distruggeteli dal primo all'ultimo. Non temete, la profezia dice che voi non potete essere sconfitti da nessuna divinità, quindi sarete voi i vincitori, voi dominerete su tutto.

I giganti, forti della predizione e guidati dal valoroso Eurimedonte, attaccarono l'Olimpo. Gli dèi sapevano benissimo che nessuno di loro poteva sconfiggerli.

– Soltanto un mortale ci può aiutare, – disse Era, la moglie di Zeus – un mortale con la pelle di leone!

– Atena! – ordinò Zeus – Va' sulla terra e trova Eracle, dovrà mangiare un'erba che lo renderà invulnerabile e solo dopo potrà venire da noi per partecipare alla battaglia.

Atena trovò Eracle e l'erba magica e così la battaglia riprese, stavolta a favore degli dèi dell'Olimpo che, con il supporto dell'invincibile mortale, iniziarono a sconfiggere uno ad uno tutti i giganti.

Eracle ferì Alcioneo, il capo dei giganti, con una freccia e poi lo uccise a colpi di clava. Porfirione, un altro gigante, si stava avventando su Era, ma Zeus si accorse che la sua sposa era in pericolo e gli scagliò decine di folgori, Porfirione però era duro a morire e fu solo il tempestivo intervento di Eracle a evitare il peggio. Porfirione, colpito da una freccia avvelenata scoccata da Eracle, cadde a terra sconfitto.

Tutti gli dèi dell'Olimpo parteciparono alla battaglia, tranne Demetra ed Estia che non usavano la violenza, perfino le moire mitragliarono i giganti con pestelli di bronzo. A un certo punto sembrava che i giganti si stessero ritirando.

– Scappano, scappano verso la Terra! – disse qualcuno – Abbiamo vinto!

Ma Zeus non era ancora soddisfatto e non voleva rischiare che i giganti si riorganizzassero per un nuovo attacco, così Urlò:

– Inseguiamoli!

Una parte dei giganti si era rifugiata in Arcadia, ma un altro gruppo guidato da Encelado stava scalando il monte Olimpo per cogliere alle spalle gli dèi.

Atena si accorse di quello che stava accadendo e, aiutata da Nike, fece fuggire Encelado che precipitò fino al mare. Allora Atena per bloccarlo gli scagliò addosso un enorme masso che schiacciò il gigante bloccandolo per sempre. Quella roccia in mezzo al mare divenne la Sicilia.

Gli altri giganti vennero sconfitti uno ad uno dagli dèi e da Eracle. Tutto tornò tranquillo e gli dèi dell'Olimpo governarono l'universo per l'eternità.

Ancora oggi ci sono momenti in cui i giganti sepolti sotto le montagne provano a liberarsi e scuotono la terra causando terremoti e inondazioni; si dice anche che tutte le volte che in Sicilia l'Etna sputa fuoco e fumo in realtà è la bocca di Encelado a provocare quelle fuoriuscite perché non riesce a trattenere la rabbia di essere stato sconfitto.

Encelado: nei giardini della reggia di Versailles è presente una fontana in cui è raffigurato Encelado prigioniero del masso scagliato da Atena.

Le avventure di Ulisse in Sicilia

Le avventure di Ulisse in Sicilia

Lo sfortunato incontro con il ciclope Polifemo

Per dieci lunghissimi anni gli Achei e i Troiani furono in guerra. Nessuno riusciva ad averla vinta; Elena era stata rapita dal giovane principe troiano, Paride, che non aveva nessuna intenzione di restituirla a Menelao, suo legittimo marito nonché re di Sparta. Tutti i più valorosi guerrieri di ambedue le parti erano schierati sul campo di battaglia, ma i due eserciti sembravano ugualmente forti e nessuno riusciva a prevalere sull'altro.

Dopo tanti anni e troppi guerrieri morti, l'esercito Acheo era allo stremo delle forze, perfino l'invincibile Achille era morto per via di una freccia scoccata da Paride che riuscì a colpirgli proprio il tallone, il suo unico punto debole. Il malumore montava fra gli Achei.

– Torniamo a casa, le nostre mogli non ci vedono da dieci lunghi anni e i nostri figli hanno dimenticato il volto dei loro padri.

Fu proprio in quel momento che Ulisse ebbe un'idea geniale: escogitò un tranello che sarebbe passato alla storia come "il cavallo di Troia".

– Ragazzi, io non ho nessuna intenzione di tornare a casa a mani vuote. – disse fiero Ulisse – La città sembra inespugnabile, ma non lo è. Costruiamo un grande cavallo di legno da donare agli dèi affinché proteggano il nostro ritorno in

Troia: la città di Troia è esistita davvero. I resti furono portati alla luce da Heinrich Schliemann alla fine del 1800.
L'archeologo trovò un enorme tesoro che ipotizzò essere stato nascosto dal re Priamo prima che venisse distrutta la città.

patria. I Troiani penseranno che ci siamo arresi, invece noi ci nasconderemo al suo interno e, quando loro lo avranno portato dentro le mura, usciremo dal cavallo e metteremo a ferro e fuoco la città.

L'idea, per quanto stramba, sembrava essere l'unica soluzione e così avvenne che i Troiani caddero nel tranello trascinando il cavallo oltre le invalicabili mura. La città cadde di notte e gli Achei la diedero alle fiamme.

Alla fine della guerra di Troia i vincitori si

spartirono il bottino e tornarono ognuno alla propria terra. Menelao si diresse a Sparta mentre Ulisse e i suoi uomini fecero rotta verso Itaca, la piccola isola di cui lui era il re. Ad attenderlo c'erano la moglie Penelope, il figlio Telemaco, il cane Argo e tutti i suoi sudditi.

Il viaggio di Ulisse da Ilio (cioè Troia) a Itaca sarebbe stato "una passeggiata," o meglio "una crociera" tranquilla se Ulisse non avesse più volte sfidato gli dèi. Ma l'eroe era di temperamento sanguigno e non riusciva a mettere a freno la lingua, così più volte si trovò a litigare con gli abitanti dell'Olimpo, i quali non perdevano occasione di vendicarsi ripagando la sua insolenza con disgrazie e fuori programma di ogni genere.

Fra le varie peripezie alle quali dovette andare incontro Ulisse alcune ebbero luogo in un'isola che i Greci amavano particolarmente, tanto da ambientare lì gran parte delle loro mitiche storie: la Sicilia.

Dopo una breve sosta di approvvigionamento presso i Ciconi – e dopo aver ricevuto in dono dal sacerdote Marone del buon vino come segno di gratitudine per avergli salvato la vita – Ulisse e i suoi compagni, con ben dodici navi, fecero tappa dai lotofagi dove, dopo aver assaggiato i frutti della pianta del loto, stavano per dimenticare da dove erano venuti e dove stavano andando. Ulisse riuscì a trascinare via i compagni, intontiti da quella strana pietanza, fin sopra le navi e a ripartire verso l'amata Itaca. Mentre navigavano col vento a favore, scorsero un'isola sovrastata da un maestoso vulcano che sputava fuoco e fumo.

– Ulisse! – imploravano gli uomini – Siamo stanchi e affamati, sono giorni che navighiamo senza mai raggiungere la nostra patria. Lasciaci almeno sbarcare su quell'isola che vediamo in lontananza per poter fare rifornimento di acqua e viveri.

Ulisse avrebbe senz'altro preferito proseguire e fare strada per poter essere in serata a casa e chiudersi in bagno, ma sapeva che gli uomini erano stremati e non voleva incupire l'umore del suo equipaggio, così acconsentì:

– Va bene, metteremo piede sull'isola, sbarcheremo proprio nelle vicinanze del vulcano, ma faremo in fretta, evitando il più possibile il contatto con la gente del luogo.

– Evviva Ulisse! Evviva il nostro re! – gridarono i marinai, e si accostarono alla terra vogando.

– Andate in giro e fate rifornimento di viveri, fate pipì e sgranchitevi le gambe, ci si vede qua fra due ore esatte. Vi raccomando la puntualità: chi c'è c'è, chi non c'è non c'è!

Toccata la terra, un gruppo di uomini seguì un sentiero fra le vigne che conduceva alle pendici del vulcano. Il panorama era splendido e dall'alto di quella strada si potevano ammirare il mare e le navi ormeggiate. Rimasero colpiti dal numero di capre e pecore sparse per quelle colline, ma soprattutto una grotta richiamò la loro curiosità.

– Ehi, guardate là, una grotta!

– Andiamo a vedere cosa c'è dentro, magari c'è un tesoro!

– O delle belle ragazze!

– A me basterebbe un po' di frescura, sono tutto sudato!

Si avvicinarono cauti all'ingresso della caverna; in un primo momento sembrava essere un grosso ovile al riparo dalle intemperie ma, quando si inoltrarono nella grotta, scoprirono che la realtà era ben diversa.

– Questo posto è sinistro – disse il primo.

– C'è una strana atmosfera – sussurrò l'altro.

– Io tornerei indietro, c'è qualcosa che non mi convince – confessò il terzo.

– Ehi! Guardate qua, sembra un enorme letto! E questa un'enorme sedia!

Gli altri accorsero incuriositi.

– Sembra essere la casa di un gigante.

– E questa dev'essere la sua dispensa! Venite, è piena di formaggi e ricotta!

Gli uomini si tuffarono fra quei caci, riempiendosi le mani e la pancia fino a scoppiare.

In quel momento giunsero nella grotta Ulisse e gli altri uomini.

– Andiamo ragazzi! – li esortò Ulisse – Questo posto non mi piace, è senz'altro la tana di un gigante, e non credo che sarebbe contento di vedere che vi state rimpinzando del suo cibo.

– Ulisse, riempiamo le bisacce!

Improvvisamente la terra fu scossa come da un terremoto: erano i passi del padrone di grotta che tornava dopo un giorno di lavoro. Il gigante entrò nella caverna e tappò l'uscita con un grosso macigno. Ulisse e i suoi uomini, terrorizzati, si nascosero e sbirciando notarono che sulla fronte di quel mostro brillava un solo ed enorme occhio.

– Un ciclope... – sussurrò Ulisse.

– Siamo finiti nella terra dei ciclopi – tremarono gli altri.

– Silenzio!

Ma il ciclope si accorse subito di non essere solo e, scovato il nascondiglio di uno degli uomini, lo afferrò con le sue dita giganti e lo sbranò davanti agli occhi inorriditi dei compagni, che si tapparono le orecchie per non sentire le urla strazianti del poveretto.

– Bene, – disse il mostro trangugiando un bicchiere d'acqua – quanti siete? E che ci fate in casa di Polifemo, figlio di Poseidone?

Ulisse decise di uscire allo scoperto per provare ad ammansire il gigante.

– Siamo venuti in pace, – disse – non volevamo disturbare la tua quiete. Ti prego, Polifemo, non uccidere i miei uomini.

Il mostro si fece una grassa risata, poi afferrò un altro marinaio e se lo ficcò tutto intero dentro l'enorme bocca, senza pietà.

– Ormai siete in casa mia e qui resterete fin quando deciderò io – rispose secco il mostro.

Ulisse sapeva di non avere scampo, nessuno sarebbe mai riuscito a spostare quell'enorme masso che ostruiva l'uscita della grotta. Così, mentre i suoi uomini venivano pian piano masticati dal ciclope, ebbe un'altra delle sue proverbiali idee.

– Ciclope, in segno di benevolenza vorremmo offrirti una coppa di nettare degli dèi!

– Nettare degli dèi? – si incuriosì Polifemo – Che sarebbe?

– Vino, vino rosso, ecco. Bevilo pure!

Ulisse porse al mostro la bisaccia che aveva ricevuto in dono da Marone nella terra dei Ciconi.

Polifemo bevve avidamente fino all'ultima goccia.

– Questa bevanda è davvero buona, ne voglio ancora! – urlò.

– Portaci l'uva delle tue vigne e noi te ne

produrremo in quantità – rispose Ulisse.

Il gigante si alzò, scostò la pietra, uscì dalla grotta e richiuse l'accesso.

– Ulisse, dobbiamo scappare, Polifemo ci divorerà tutti!

– Ulisse, dobbiamo scappare adesso, adesso che è andato via!

– Fidatevi, ho un piano, se funzionerà presto saremo fuori di qua. Assecondate quello che faccio io.

Poco dopo la pietra tornò a ruotare e apparve Polifemo con una grossa cesta carica d'uva matura.

– Veloci, voglio il vino! – disse il gigante scaraventando la cesta per terra.

Gli uomini pestarono l'uva su un catino e man mano porsero il succo al mostro, che lo tracannò con gusto.

– Ancora! Ancora vino!

Ulisse e i suoi uomini fecero bere al ciclope cinque enormi coppe. Alla fine il mostro, ebbro di vino, si addormentò. Fu allora che Ulisse espose il suo piano ai superstiti.

– Arroventeremo la punta di quel palo e glielo ficcheremo nel suo unico occhio, poi ci aggrapperemo al ventre delle pecore e spalancheremo l'ovile. Sarà lui stesso a lasciarci uscire.

Il fuoco appuntì l'estremità del palo, Ulisse e i suoi uomini lo portarono in spalla fino al giaciglio di Polifemo, che russava ancora intontito dal vino. In un attimo Ulisse diede il segnale e tutti spinsero la punta infuocata dentro l'occhio del ciclope, che si svegliò urlando.

– Maledetti, maledetti, mi avete rovinato! Chi ha osato accecare l'occhio al figlio di Poseidone?

– Sono stato io! – urlò fiero Ulisse – Io ti ho accecato, mostro!

– Tu! Dove ti nascondi? – annaspava Polifemo – Come ti chiami? Chi sei?

– Mi chiamo Nessuno! – disse Ulisse.

– Nessuno, ormai sei finito, dirò ai miei

fratelli che Nessuno mi ha accecato e loro mi vendicheranno!

Ulisse scoppiò in una grassa risata, poi si nascose sotto un montone e così fecero anche i suoi compagni.

– Dove siete? – schiumava di rabbia Polifemo.

– Dove siete? Vi distruggerò, vi schiaccerò come scarafaggi!

Polifemo non smetteva di dimenarsi, poi scoperchiò la grotta e lasciò uscire le pecore tastandogli il dorso.

– Dove vi siete nascosti? Vi acchiapperò e vi divorerò uno ad uno!

Le pecore uscirono fuori dalla grotta e con loro Ulisse e i suoi uomini, che corsero veloci fino al mare e salparono sulle loro navi mentre Polifemo, accecato, inveiva ancora contro di loro, era davvero imbufalito!

A quel punto Ulisse non riuscì a trattenere il suo orgoglio e spavaldamente urlò al ciclope:

– Polifemo, racconta pure a tuo padre Poseidone che è stato Ulisse ad accecarti, Ulisse!

– Che tu sia maledetto Ulisse, mio padre mi vendicherà!

Sempre più infuriato, Polifemo strappò dalla montagna dei grossi massi e li scagliò in mare sperando di colpire le navi del suo nemico. Molti macigni sfiorarono le imbarcazioni, ma Ulisse e i suoi compagni riuscirono a scappare dal ciclope, attirandosi per sempre le ire di Poseidone. Il nostro eroe aggiunse così un nuovo nemico alle sue avventure. Anche questo dio avrebbe contribuito a rendere ancor più travagliato il suo viaggio verso casa.

Massi: i maestosi massi scagliati da Polifemo contro le navi di Ulisse sono tutt'oggi visibili in provincia di Catania.
I suggestivi faraglioni sono in realtà di origine vulcanica e impreziosiscono la bellissima riserva marina di Aci Trezza.

Le avventure di Ulisse in Sicilia

Eolo, il custode dei venti

Dopo essersi imbattuti in Polifemo ed essere riusciti a fuggire dall'antro del gigante, Ulisse e i suoi compagni ripresero il loro viaggio in mare per ritornare a Itaca. Ma l'incontro col ciclope costò la vita di molti uomini, che furono divorati dal mostro.

Poseidone, dio del mare, decise di vendicare il figlio accecato da Ulisse rendendo impossibile il rientro in patria dell'eroe. Infatti, non appena salparono da terra, tempeste con onde alte come montagne iniziarono a squassare le navi dell'eroe e dei suoi uomini. Fin quando uno dei marinai, dopo aver vomitato l'anima, volse lo sguardo verso l'orizzonte e gridò:

– Terra! Terra! Ulisse, siamo salvi! Possiamo farci ospitare dagli abitanti e...

– Non sappiamo chi viva in quest'isola. – lo interruppe Ulisse, che non immaginava di trovarsi a Lipari – Abbiamo già avuto pessime esperienze e non ho intenzione di perdere altri uomini. Sulla cima della montagna vedo un palazzo. Andrò io, voi mi aspetterete sulle navi. Se il padrone di questa terra sarà ospitale vi inviterò a salire sull'isola, altrimenti sarà meglio non fermarsi a lungo.

Gli uomini non accolsero con entusiasmo l'intenzione di Ulisse e un vociare contrariato si

Lipari: le isole Eolie sono di origine vulcanica e prendono il nome proprio dal mitico re Eolo. Si racconta che la dimora di Eolo fosse situata a Lipari, una delle sette isole dell'arcipelago.

diffuse a bordo. Da una delle imbarcazioni un uomo urlò:

– Siamo sfiniti! Anche noi abbiamo il diritto di bere acqua fresca e godere dell'ospitalità degli abitanti di quest'isola.

– La mia decisione non si discute. – rispose severo Ulisse – L'ultimo ospite ha usato i nostri amici per riempirsi la pancia!

A quel punto Ulisse scese con un salto dalla nave e si arrampicò sulla roccia dove sorgeva un magnifico palazzo. Gli uomini lo videro arrampicarsi sul pendio; nel frattempo la stanchezza e la rabbia di aver perduto una grossa parte del bottino di guerra durante le tempeste alimentarono in loro strani pensieri:

– Avete visto il nostro capo? A furia di litigare con gli dèi ce ne sta facendo passare di cotte e di crude. Adesso troviamo un'isola con un bel palazzo in cima a una montagna e lui che fa? Va via da solo. Il re di questo luogo sicuramente lo accoglierà con gli onori degni di un eroe e magari gli farà dei doni!

– Figuriamoci, ecco perché è andato via da solo! Non vuole dividere quei doni con noi!

– Non dite sciocchezze – li interruppe Euriloco – e frenate le vostre lingue. Ulisse non farebbe mai una cosa del genere!

– Probabilmente Ulisse dividerà il suo bottino con te, lasciandoci a bocca asciutta! – insinuò uno dei più giovani.

– Come osi accusarci così!

Sulla nave si scatenò una rissa, nel frattempo Ulisse giungeva alle porte del palazzo.

– Permesso? – l'eco della sua voce rimbalzava fra le mura spoglie di quel luogo.

– C'è qualcuno? – si sentiva soffiare solo il vento sottile, che attraversava da finestra a finestra quell'immenso palazzo. Poi una voce rispose:

– Entra, straniero!

Lo accolse il re in una grande sala dove sedevano sei giovani donne e sei giovani uomini.

– Benvenuto marinaio – esordì il sovrano.

– Mi chiamo Ulisse, sono il re di Itaca e vengo da Troia, dove ho vinto insieme ai miei alleati la guerra. Adesso sono di ritorno, ma il mare in tempesta ha spinto le nostre navi sulle sponde del tuo regno. Ti chiedo perciò di aiutarmi a raggiungere la mia amata patria.

– Ulisse, – esordì il sovrano – io sono Eolo, il custode dei venti, conosco bene le tue imprese che il vento stesso ha portato alle mie orecchie. Anche i miei figli e le mie figlie sanno di te. Sarai mio ospite, cenerai con noi e ci racconterai tutto quello che è accaduto a Troia allietando così la nostra serata.

Ulisse sedette a tavola insieme ai dodici figli di Eolo, che poi seppe essere sposati l'uno con l'altra per volere dello stesso padre.

Al termine della cena, Eolo prese un otre di pelle di bue e vi imprigionò i venti contrari lasciando libero solo lo zefiro.

– Ecco, questo è quello che posso fare per te: lo zefiro ti condurrà a casa tua e presto potrai riabbracciare i tuoi cari. In quest'otre sono contenuti i venti impetuosi, custodiscilo bene e non farlo cascare in mani sbagliate.

Zefiro: lo zefiro è un vento che soffia da ovest (Ponente) sul mar Mediterraneo. Zefiro è anche un personaggio mitologico, figlio di Eolo e Eos. Viene rappresentato con le ali e un mazzo di fiori in mano.

– Grazie Eolo! – disse Ulisse prima di salutare il custode dei venti. Poi, con la vittoria in mano, scese giù per la montagna e raggiunse le navi.

– Salpiamo! – urlò – Oggi stesso rivedremo Itaca!

Ma fra gli uomini serpeggiavano il sospetto e il malumore, specialmente perché videro tornare il loro capo con un grosso otre a tracolla senza dare alcuna spiegazione in merito al suo contenuto.

– Non ha detto a nessuno cosa contiene quell'otre – sussurravano gli uomini.

– Sarà colmo d'oro e gioielli e vuole tenerli per sé!

– Oggi stesso arriveremo a casa e l'unico a tornare da Troia con un tesoro sarà lui.

– Ma siete sicuri che contenga dei preziosi?

– Certo, non vedi che lo tiene attaccato a sé come se fosse suo figlio?

Lo zefiro gonfiò le vele delle navi e dolcemente le condusse nei mari che circondavano Itaca.

Ulisse era stanco e tratteneva il sonno a fatica, ma quando vide in lontananza il profilo di Itaca e i fuochi che i pastori accendevano al pascolo, chiuse gli occhi e, finalmente sereno, si addormentò.

Fu allora che, mentre qualcuno esultava salutando Itaca, due uomini gli si avvicinarono, gli sfilarono l'otre dal braccio e tolsero il tappo.

I venti custoditi uscirono dall'otre e, come bestie ululanti, s'impossessarono delle navi scagliandole lontano. Ulisse e tutti gli uomini non poterono far altro che aggrapparsi alle cime o rannicchiarsi terrorizzati. I venti strapparono loro gli abiti di dosso e le imbarcazioni furono trascinate via come foglie d'autunno. In pochi attimi di furore, l'otre si svuotò e si ritrovarono nuovamente fra le isole di Eolo.

Ulisse era infuriato.

– Chi è stato ad aprire l'otre, chi?! – gridava impazzito – Eravamo a un passo da Itaca e adesso siamo ritornati da Eolo. Speriamo che possa aiutarmi di nuovo. Scendete tutti e non dite una parola.

Gli uomini, con la coda fra le gambe, seguirono Ulisse fin dentro il palazzo di Eolo che fu sorpreso di rivederlo.

– Ulisse! Come mai sei qui? Non è possibile che lo zefiro ti abbia condotto da me!

– Infatti, non è successo questo, i miei uomini curiosi di...

– Taci! – urlò bruscamente Eolo – Gli dèi ti sono avversi, sono certo che hai litigato con loro! Soltanto chi non è in armonia con gli dèi può subire simili trattamenti. Adesso vai via! Porta con te i tuoi uomini e lasciate le mie isole! Non amo stare in compagnia di chi sfida le divinità dell'Olimpo!

Mentre le urla di Eolo echeggiavano sulla montagna, Ulisse e i suoi marinai spiegarono le vele alla ricerca di maggior fortuna.

Le avventure di Ulisse in Sicilia

Scilla e Cariddi e il pericoloso attraversamento dello stretto di Zancle

Gli anni passarono veloci e ancora il re di Itaca non riusciva a mettere piede sulla sua terra.
I compagni d'avventura, decimati da mostri e intemperie, non potevano fare altro che affidarsi alle capacità del loro capo che, dopo essere stato ammaliato dalla maga Circe, riuscì ad ottenere da

Circe: la potente maga Circe trasformò gli uomini di Ulisse in maiali. Hermes fornì a Ulisse un antidoto e l'eroe sconfisse la maga. Circe s'innamorò di lui e soltanto l'insistenza dei suoi uomini convinse Ulisse a riprendere la via del ritorno.

lei dei preziosi consigli:

– Sulla via del ritorno incontrerai uno scoglio fatto di ossa umane e resti mortali. Stai attento, Ulisse, quello è lo scoglio delle sirene. Con il loro canto invitano i marinai a raggiungerle su quella roccia per poterne fare un bel banchetto. Nessuno può resistere alle loro note. Tutti coloro che ascoltano il canto di quelle perfide ammaliatrici non riescono più a opporsi al loro volere, perdendo per sempre la vita. Tu fai così, metti la cera nelle orecchie dei tuoi uomini e loro saranno al sicuro.

– Ma, io...

– So cosa vuoi dirmi, Ulisse, ti conosco bene. Tu vorresti sentire il loro canto. Mi sbaglio?

– No, non sbagli affatto – rispose il re di Itaca.

– Se proprio vuoi udire la loro melodiosa voce segui queste mie istruzioni: fatti legare dai tuoi amici all'albero maestro della nave, mani e piedi, ti raccomando! Così solo potrai evitare di cadere nel loro inganno.

SCILLA E CARIDDI

Ulisse ringraziò Circe e lei, prima di lasciarlo, gli disse:

– Dopo che avranno slegato le corde e dopo che sarete usciti vivi dallo scoglio maledetto, non perdete tempo e guardatevi intorno, una fitta nebbia si addenserà attorno a voi e finirete in un luogo terribile, un tratto di mare fra due rocce a strapiombo, lì vivono due dei mostri più orrendi che popolano i mari: Scilla e Cariddi.

– Scilla e Cariddi? – chiese Ulisse.

Circe allora raccontò a Ulisse la storia dei due mostri marini:

– Scilla era una splendida ninfa che viveva a Zancle, amava trascorrere le sue giornate

Scilla e Cariddi: oggi Scilla è il nome di un paese in provincia di Reggio Calabria in Calabria. Cariddi si trova in Sicilia ed è in provincia di Messina. Tuttora quel tratto di mare, noto come stretto di Messina, è soggetto a forti e pericolose correnti marine.

ammirando il mare dalle splendide spiagge della sua terra. Poseidone non seppe resistere ai suoi bellissimi occhi e se ne innamorò perdutamente. Ma il dio era sposato con Anfitrite che, gelosa della ninfa, le tese un tranello; preparò una pozione magica e la versò proprio nel tratto di mare dove Scilla andava a fare il bagno tutte le mattine. La poveretta, non appena si tuffò, sentì il suo corpo mutare e in pochi attimi si trasformò in un mostro con dodici zampe e sei teste. Scilla, divenuta mostruosa, si nascose nella grotta che si trova lungo una delle pareti dello stretto e da allora stritola tutti coloro che le passano davanti.

– E Cariddi? – chiese incuriosito Ulisse.

– Di fronte a lei, – riprese a raccontare Circe – proprio sulla sponda opposta, vive Cariddi. Fu punita da Zeus per aver rubato e mangiato alcuni dei buoi di Eracle. Il dio, infatti, appena seppe dell'accaduto, costrinse la ninfa in fondo al mare, la trasformò in un mostro simile a un'enorme lampreda e la condannò a inghiottire l'acqua salata per tutta l'eternità. Cariddi, quando spalanca la bocca, genera un gorgo che risucchia tutte le navi che transitano in quel momento senza lasciarne una a galla.

Fino ad oggi soltanto la nave Argo con i suoi prodi marinai è scampata ai due mostri. Se tu riuscissi ad aggrapparti al fico potresti sopravvivere.

– Al fico? Quale fico? – chiese sempre più interessato Ulisse.

– Il fico che cresce sulla parete dello stretto – concluse Circe e poi con un bacio lo salutò.

Ulisse recuperò i suoi compagni e partì. Non avrebbe mai più rivisto la maga. Mentre si abbandonava alla malinconia, uno dei suoi uomini indicò uno scoglio che emergeva sinistro tra le onde.

– Uno scoglio! Uno scoglio a dritta, vira a babordo!

Intanto il flusso delle onde portava alle loro orecchie un canto lontano, pareva una nenia, che azzittì gli equipaggi delle navi.

– Le sirene! – esclamò Ulisse, e si affrettò a mettere in atto i consigli della maga: fece tappare con la cera le orecchie degli uomini e ordinò al fedele Euriloco di legarlo all'albero maestro della sua nave. Man mano che si avvicinavano allo scoglio, le sirene insistevano col canto e gli uomini, remo in mano, vogavano ignari delle loro voci ammalianti, erano talmente soavi che avrebbero costretto lo stesso Ulisse a buttarsi in acqua se non fosse stato legato saldamente.

– Ulisse, vieni da noi, Ulisse! – le sirene erano ormai padrone della volontà dell'eroe che, come impazzito, sbraitava ai suoi uomini:

– Slegatemi, devo andare, slegatemi ho detto! È un ordine!

– Ulisse, tuffati, qui sarai trattato come un eroe, tuffati, vieni da noi!

– Slegatemi ho detto, Euriloco, amico mio, ubbidisci!

Ma gli uomini continuavano a remare, la cera li proteggeva dall'incanto e pian piano la nave si lasciò lo scoglio alle spalle.

Come previsto, dopo che i compagni di sventura di Ulisse si tolsero i tappi dalle orecchie e lo slegarono, le navi furono avvolte dalla nebbia.

Ulisse allora avvisò gli uomini:

– I mostri! State attenti ai mostri!

In pochi attimi Scilla attaccò la nave e divorò sei

uomini che invano urlarono implorando l'aiuto di Ulisse, l'eroe non poteva fare nulla contro quella forza mostruosa.

– Aiuto, Ulisse! Aiuto! Salvami, salvami!

Le sei teste, feroci come cani rabbiosi, strapparono gli uomini dall'imbarcazione e li divorarono mentre Ulisse e i sopravvissuti passavano alla svelta lo stretto. Anche le altre navi riuscirono ad evitare di spingersi verso la sponda opposta dove Cariddi, tre volte al giorno, ingoiava e sputava i flutti distruggendo qualsiasi oggetto in grado di galleggiare. Gli equipaggi, atterriti dalla visione dei due mostri, scamparono ancora una volta al pericolo e approdarono sfiniti su un'isola. Qui pascolavano le bellissime vacche sacre di Apollo, dio del sole. I superstiti si fermarono a lungo presso quei pascoli, ma un giorno la fine dei viveri e i morsi della fame spinsero gli uomini a uccidere le vacche.

– Siamo scampati a mostri, giganti e maghe,

non vorrete mica morire di fame? – disse uno di loro – Sono vacche e noi siamo affamati, non c'è nient'altro da fare che ucciderle e mangiarle.

Mentre i suoi compagni si organizzavano Ulisse dormiva e non sapeva della violazione alle regole che di lì a poco sarebbe stata commessa.

Apollo, offeso dal gesto sacrilego di quegli ingordi, minacciò di portare il sole nel regno dei morti se non fosse stato vendicato. Zeus allora aspettò che Ulisse e i suoi si rimettessero in mare e, non appena l'eroe giunse a largo col suo equipaggio, spinse la sua nave verso Cariddi e le scagliò contro un fulmine. La nave venne distrutta e tutti gli uomini furono ingoiati dal mostro, risputati in aria e inghiottiti dal vortice. Dopo essere stato rigurgitato da Cariddi, Ulisse, prima di ricadere in acqua, trovò il ramo di un fico che sporgeva dalla parete, vi si aggrappò e così, nonostante la forza del risucchio del mostro, riuscì a non farsi divorare.

Poco dopo, stremato, lasciò la presa e precipitò in mare, si avvinghiò a un pezzo della sua nave e si lasciò trasportare dalla corrente verso nuove spiagge, ignaro del destino avverso che avrebbe dovuto affrontare più e più volte prima di fare ritorno a Itaca.

L'amore al tempo dei Greci

L'amore al tempo dei Greci

Inganni d'amore. Il buon pastore Dafni e la bella ninfa Echeneide

Era primavera quando nacque, il vagito di quel bambino echeggiò per la prima volta nella valle del fiume Irminio. Dafnide, la madre, era una splendida ninfa e sapeva che quel pianto sarebbe presto diventato un canto; se ne accorse

Irminio: il fiume Irminio scorre ancora oggi in provincia di Ragusa. Nasce dal monte Lauro e il suo corso accoglie una bella riserva naturale che termina sulla foce e genera una piccola spiaggia selvaggia. Il nome trae origine da quello del dio Hermes che qui si innamorò della ninfa Dafnide.

osservando i fili d'erba, le acque molli del fiume e il volo degli uccelli: tutto lasciava presagire l'incanto che il piccolo avrebbe significato per quei luoghi. La vita di quel bambino, infatti, non sarebbe mai stata come quella degli altri bimbi della valle. Dafnide ed Hermes, (il messaggero degli dèi) non poterono occuparsi di lui e lo abbandonarono in un bosco di alberi di alloro. Il piccolo fu trovato da un pastore che pascolava il suo gregge. Questi lo prese con sé e, ispirato dalle piante che abbellivano quel luogo, lo chiamò Dafni, che significa "alloro".

Pur essendo figlio di un dio e di una ninfa, Dafni crebbe accanto ai pecorai che gli insegnarono il mestiere: il pascolo, la mungitura, la tosatura. Il bambino man mano che cresceva si faceva sempre più bello e tutti ammiravano il suo aspetto delicato e armonioso. Il dio Pan, affascinato dallo sguardo misterioso e malinconico di quel ragazzo, volle fargli un dono:

– Una zampogna?

– Sì, – disse Pan – ti farà compagnia al pascolo, prendila, è tua!

– Ma io non la so suonare – rispose dispiaciuto Dafni.

– Se vuoi ci sono qui io, – riprese il dio – ci vedremo tutti i giorni sotto l'ulivo e ti darò delle lezioni, ti insegnerò tutto quello che so e in poco tempo, vedrai, diventerai più bravo di me.

Il ragazzo tornò a casa la sera con quel prezioso dono che non volle mostrare a nessuno. Si sdraiò

e chiuse gli occhi sperando che venisse presto il momento della prima lezione, poi si addormentò.

Dafni e Pan iniziarono a incontrarsi, il ragazzo prometteva bene ed era senz'altro portato per la musica e il canto. Così Dafni imparò a suonare lo strumento che divenne immediatamente espressione della sua anima. Ciò che provava, le emozioni, i pensieri che vibravano nel suo cuore, venivano trasformati in suono, in musica. La valle si quietava quando Dafni suonava la zampogna. Come nel giorno in cui venne al mondo, le acque dell'Irminio si placavano, le lepri si fermavano e le fiere si ammansivano. Il vento raccoglieva quei suoni e li spargeva sui pascoli e tra le fronde dei carrubi, il sole aspettava che Dafni finisse di suonare e poi spariva, tramontando e lasciando il posto alle stelle.

La musica di Dafni piaceva perfino agli dèi che vollero premiare il giovane pastore offrendogli in sposa la ninfa Echeneide. Il pastore s'innamorò subito di lei. I suoi sentimenti erano così profondi e veri che la sua musica divenne più melodiosa e più felice. Echeneide lo seguiva ovunque andasse e mai si annoiava ad ascoltare le composizioni del marito, anzi, aveva perfino affinato un gusto musicale che la rendeva in grado di commentare e criticare ogni singolo brano.

– Che ne pensi Echeneide? – chiedeva Dafni alla sua sposa – L'ho appena composta per te.

La ninfa ascoltava attenta e coinvolta, poi esprimeva un giudizio aiutandosi con metafore e similitudini.

– La trovo fresca come acqua di sorgente e azzurra come il cielo d'estate. Ma è quel profumo di viole, quell'odore dolce a renderla struggente. Mi ha commosso perché mi ha toccato l'anima. Grazie Dafni.

– Mi fa piacere che tu abbia trovato tutto ciò che ho voluto metterci. Per me era un modo per dirti che ti amo.

– Lo so, – rispose lei – ti amo anch'io, mio musico pastore. Promettimi che non mi tradirai mai.

– Io? – rispose sorpreso Dafni – Perché dovrei farlo?

– Semmai dovesse succedere io non ti perdonerei e dalla rabbia potrei anche accecarti!

Dafni abbracciò la sua sposa e la baciò. Era bella e dolce e lui l'adorava. Le paure di Echeneide erano ombre inutili per due che si volevano bene.

– Non succederà mai, te lo prometto – giurò.

La bellezza di quei canti e la raffinata delicatezza delle musiche di Dafni passavano da bocca in bocca, fin quando il giovane venne chiamato alla corte del re, che lo invitò a suonare in una delle feste che si organizzavano presso il suo palazzo.

Dafni, ospite del re e della regina, si esibì con le sue composizioni, incantando la platea che rimase

letteralmente ammutolita. Soprattutto la regina Chimera non riuscì a trattenere le lacrime per l'emozione. E fu proprio la capacità di smuovere i sentimenti sopiti della sovrana a indurla a corteggiare il pastore.

– Lascia stare i campi e le pecore, lascia il fiume e tua moglie e vieni a vivere nel mio palazzo. – offrì Chimera – Tutto ciò di cui hai bisogno è qui ed io posso offrirtelo, è sufficiente che tu dica di sì.

Il ragazzo, seppur lusingato, non riuscì a rinunciare a quel poco che possedeva, perché quel poco in realtà per lui era tutto.

– Amatissima regina, la mia musica che tanto vi piace nasce in quei luoghi che voi m'implorate di lasciare. Mai potrei lasciare la mia valle e la mia amata, prima ispiratrice delle mie composizioni.

La regina Chimera, pur incassando il rifiuto di Dafni, non si diede per vinta e architettò un piano per incastrare il giovane e costringerlo a innamorarsi di lei; lo invitò ad una festa dandogli la possibilità di esibirsi e per non avere tra i piedi Echeneide istruì le ancelle, che la trattennero a raccogliere funghi lontano dal palazzo. In questo modo Chimera rimase da sola con Dafni e, dopo aver ascoltato le sue melodie, lo invitò a bere del vino misto al succo di alloro che offuscò la mente del pastore. Chimera lo condusse in un luogo appartato e di nascosto lo baciò. Poi lo lasciò andare fra le braccia di Echeneide che capì subito cos'era accaduto e, furiosa, mantenne l'antica promessa e lo accecò.

Il giovane provò a spiegare che era stato drogato da Chimera e che non l'avrebbe mai tradita perché l'amava con tutto se stesso, ma Echeneide non volle sentire ragioni e non tornò sui suoi passi. Così il ragazzo, avvolto per sempre dalle tenebre della cecità, prese il suo strumento e tornò a suonarlo fra le sterpaglie secche di quei luoghi arsi dal sole d'estate e vagò come vagano i gatti accecati dalla vecchiaia. La sua musica aveva cambiato colore e dai rossi, dai gialli e dai verdi le note scivolarono verso la malinconia apparendo più viola, più blu, più grigie.

Inciampando sui suoi piedi incerti Dafni si allontanò dall'Irminio, si allontanò dai carrubi e dagli ulivi in fiore fino a giungere presso la roccia di Kefalopoli. Da lì si affacciò e annusò il vento che sapeva di mare, suonò per l'ultima volta la zampogna di Pan e si lasciò cadere abbandonandosi al vento, come le sue canzoni.

Hermes, il padre di Dafni, lo trasformò subito in roccia. Su quello scoglio oggi si frangono le onde

Kefalopoli: Kefalopoli è il nome antico di Cefalù, cittadina in provincia di Palermo. È una delle località turistiche più suggestive della Sicilia, famosa soprattutto per il duomo normanno e per il mosaico del Cristo Pantocratore.

del Mediterraneo e c'è chi giura di aver sentito fra i canti dei gabbiani il suono della zampogna di Dafni intonare un'antica e triste melodia.

L'amore al tempo dei Greci

Mai fare ingelosire una dea! Il rifiuto di Orione e la furia di Artemide

Ireo era un povero vecchio che viveva da solo in mezzo a una vasta campagna. La sua vita era umile e, sebbene non fosse mai stato sposato, avrebbe desiderato un figlio che lo potesse aiutare nei lavori dei campi, alleviando così le sue fatiche. Un giorno, mentre il vecchio pascolava la sua unica vacca, vide tre figure avvicinarsi.

– Buon uomo, siamo stanchi e abbiamo sete, puoi offrirci un po' d'ombra e dell'acqua fresca?

Ireo osservò bene quei tre uomini e comprese subito che dovevano essere persone speciali. Così decise di condurli a casa sua, dove li ospitò.

– Chi siete? – chiese allora il vecchio, e mai avrebbe potuto indovinare chi erano in realtà i suoi ospiti.

– Io sono Hermes, lui è mio padre Zeus e questo è Poseidone, mio zio.

Ireo, meravigliato, senza pensarci due volte uscì dalla sua povera capanna e sacrificò ai tre dèi la sua unica vacca. Zeus, sorpreso da tanta generosità, lo volle premiare:

– Dimmi buon uomo, qual è il tuo più grande desiderio?

– Oh, buon Zeus, nonostante io sia povero e non possegga nessuna delle ricchezze che questo mondo può offrire, ho sempre desiderato un figlio.

– Dunque – chiese Zeus – vorresti una moglie?

La risposta sincera di Ireo stupì i tre commensali:

– Forse, se fossi stato più giovane, una moglie avrebbe potuto realizzare il mio desiderio di paternità, ma sono vecchio e da una vita vivo in solitudine, mi basterebbe la gioia di essere padre, senza per forza essere stato marito.

– Sebbene questa richiesta sia un po' bizzarra – riprese Zeus – noi tre siamo stati colpiti dalla tua generosità e così ricambieremo, esaudendo quest'unica tua richiesta.

A Ireo sembrò di vivere un sogno.

– Ascolta dunque quello che ti ordiniamo! – disse Zeus – Per prima cosa realizza un otre con la pelle della vacca che hai sacrificato per noi.

Ireo scuoiò la mucca e con la pelle cucì un grosso otre che consegnò nelle mani di Zeus. I tre presero la mira e lo riempirono con la loro urina. Poi lo consegnarono a Ireo.

– Ecco! – disse Zeus – Seppellisci quest'otre pieno di pipì e fra dieci mesi avrai un figlio.

Il vecchio ringraziò con inchini e profusioni. I tre dèi lo salutarono e ripresero il cammino.

Ogni giorno, per dieci mesi, Ireo controllò quel cumulo di terra finché, il decimo mese, dissotterrò l'otre e al posto suo trovò un bambino, un magnifico bambino che chiamò Urion proprio perché era nato dall'urina. Il bambino crebbe e crebbe così tanto che si scoprì essere un gigante di rara bellezza.

Dopo aver vissuto col padre fino alla fine dei suoi giorni Urion, chiamato da tutti Orione, lasciò la vecchia capanna e andò in cerca di luoghi più adatti alla sua grande passione: la caccia.

Infatti era dotato di una mira infallibile che raramente gli faceva mancare il bersaglio. Lo aiutava Sirio, il suo fedele cane, che camminava al suo fianco ed era sempre pronto a scattare nel caso in cui Orione avvistasse cinghiali, cervi, lepri o stormi di uccelli fermi a riposare sugli stagni.

Pellegrinando in giro per il mondo, Orione giunse presso la città di Zancle che sorgeva sulla costa del mare. Fu ospite del sovrano Zancleo che gli illustrò la bellezza di quei luoghi, lamentandosi però della forza delle mareggiate a cui la città era esposta.

– Vedi Orione, – disse il re – questa splendida città di cui io sono il governatore forse non piace a Poseidone, che ne lascia distruggere le coste periodicamente. A nulla sono valsi i sacrifici e le preghiere. I venti hanno continuato a sferzare e le correnti dello stretto rendono difficile l'attracco. Se continuerà così, presto nessuno vorrà rischiare di affondare il proprio bastimento per poter commerciare con noi e la nostra città cadrà in rovina.

Zancle: Zancle significa "falce" e probabilmente questo appellativo si riferiva alla forma del porto naturale che tuttora caratterizza le coste della città, oggi nota con il nome di Messina. Situata in un territorio fortemente sismico, la città è stata distrutta più volte da terremoti e veri e propri tsunami.

Orione ascoltò in silenzio e poi propose:

– Edificheremo un tempio a Poseidone, dio del mare, così che egli possa placare le mareggiate. Inoltre non ci vorrà molto a costruire un porto che freni la furia dei venti che soffiano in questo stretto. Dovrà avere la forma di una falce, così le navi potranno manovrare senza l'influsso delle correnti.

– E chi farà tutto questo? – chiese Zancleo.

– Lo farò io! – rispose fiero Orione – Io ho la forza di cinquanta uomini e impiegherò un terzo del tempo rispetto ai vostri sudditi!

Zancleo, stupefatto, ringraziò il buon gigante, che si mise subito all'opera realizzando in pochissimo tempo, su di un promontorio sul mare, un tempio a Poseidone, uno dei suoi tre padri. Il dono costruito da Orione per il dio e il porto fatto accatastando montagne di terra e massi, limitarono le mareggiate e Zancleo ringraziò pubblicamente Orione:

– Amici concittadini! Il fato ci ha permesso di incontrare Orione. Quest'uomo, gigante nel corpo e nello spirito, ha fatto per noi quello che solo un dio avrebbe potuto fare. In segno di gratitudine, d'ora in avanti sarà proclamato fondatore della città.

Orione osservò quelle persone, orgoglioso di essere stato così importante per loro. Poi salutò tutti, fece un fischio a Sirio e insieme andarono via.

Orione era molto amato dalle donne e dalle dee. La dea dell'aurora, Eos, lasciò perfino i suoi numerosi fidanzati per stare con Orione. S'incontravano periodicamente sull'isola di Delo, luogo sacro al dio Apollo, e tutte le volte in cui Eos vedeva il suo amato, arrossiva timidamente.

La fama di quel bellissimo gigante, abile costruttore ed esperto cacciatore, si sparse per tutto il mondo e anche Artemide, dea della caccia e della campagna, si accorse di lui e un giorno gli chiese di partecipare alla prima di una serie di battute di caccia.

– Sai Orione, – disse la dea passeggiando fra le felci – sei molto abile con le tue frecce.

– Mai quanto te! – rispose Orione – Il tuo arco forgiato dai ciclopi è imbattibile e sono convinto che, con te accanto, potrei uccidere tutti gli animali della Terra!

La dea era segretamente innamorata di Orione e quell'affermazione le fece molto piacere; si era convinta che anche lui provasse gli stessi sentimenti d'affetto che provava lei. Così un giorno, in mezzo ad una foresta, mentre il sole tramontava e il vento soffiava fra le fronde degli alberi, accarezzò i capelli di quel bellissimo gigante e gli dichiarò i suoi sentimenti:

– Sai, cacciare con te al fianco mi diverte molto, mi piace parlare con te e mi piace guardarti mentre ti muovi e sorridi.

Artemide parlava e avvicinava pian piano le sue labbra a quelle di Orione. E fu strano quando Orione la bloccò bruscamente.

– Non posso baciarti, Artemide, sono sposato con Eos e anche se ti voglio bene amo lei e non potrei mai farle un torto simile.

Per la dea fu come inciampare su una radice e cadere. Al torpore dei suoi sentimenti si sostituì il gelo della verità. Così si ritrasse e ascoltò Orione, apprezzando comunque la fedeltà di quel mortale di cui lei si era invaghita.

– Capisco, – disse lei – sei un brav'uomo Orione e sono fiera di esserti amica.

Anche se la dea aveva compreso, non è facile accettare un rifiuto; l'amore non può spegnersi all'istante ma cova come la brace sotto la cenere.

Orione continuò a girare il mondo in cerca di selvaggina e, proprio mentre esplorava un territorio sconosciuto, scorse fra le fronde un laghetto dove sette bellissime ragazze facevano il bagno. Erano le splendide pleiadi figlie di Atlante e Pleione. Orione non aveva mai visto delle fanciulle così avvenenti e s'innamorò perdutamente di loro. Irruppe fra le ninfe e le inseguì. Le pleiadi, terrorizzate, scapparono via urlando.

Artemide vide la scena, rimase turbata e pensò:

– Rifiuta il mio amore ma non quello delle pleiadi, altro che fedeltà!

Il sentimento della dea della caccia si trasformò pian piano in gelosia e il desiderio di rivincita ebbe il sopravvento. Apollo, fratello minore di Artemide, da tempo preoccupato per l'innamoramento inopportuno di sua sorella per un mortale, suggerì ad Artemide una drastica soluzione:

– Hai visto sorellina? Ecco cosa succede a innamorarsi di un mortale. Adesso però puoi sbarazzarti di lui che, oltre a fare invaghire te, profana la mia isola incontrandosi lì con sua moglie Eos. Ti darò una mano.

– Cosa vuoi fare? – chiese Artemide.

– Io, niente. Sarà lo scorpione a fare tutto per noi.

Il mostro convocato da Apollo s'intrufolò nella tenda dove dormivano Orione e Sirio. Il cane si accorse della presenza del pericoloso animale ma non fece in tempo ad avvisare il suo padrone che cadde, ucciso dal tocco fulmineo del pungiglione avvelenato e, punto nel sonno, Orione continuò a dormire... fino alla morte.

Artemide, dopo aver visto il corpo di Orione privo di vita, si pentì di aver assecondato Apollo e raccontò tutto a Zeus che, non appena seppe

Apollo: il mito di Orione è stato trattato da molti autori e si hanno diverse versioni della sua storia. In una di queste l'eroe viene ucciso erroneamente dalla freccia di Artemide, tratta in inganno dal fratello Apollo che la sfidò a colpire un bersaglio; solo dopo scoprì che si trattava proprio del povero Orione.

della tragica fine del bel cacciatore, fulminò con un dardo lo scorpione e, commosso, volle rendere eterno Orione trasformando lui, Sirio e lo scorpione in tre costellazioni. E ancora oggi alzando gli occhi in cielo possiamo vedere la costellazione di Orione intento a cacciare, con accanto quella di Sirio e, lontano da loro e sempre in agguato, lo scorpione.

L'amore al tempo dei Greci

Amori non corrisposti. Polifemo, Aci e Galatea

Nereo e Doride ebbero numerose figlie, una più bella dell'altra; erano le nereidi, ninfe del mare. Galatea era una di queste e trascorreva le sue giornate passeggiando in riva al mare. La Sicilia era un'enorme distesa verde e gli alberi e le piante crescevano fin sopra la spiaggia. Fra le nuvole svettava l'Etna che, maestosa, governava il paesaggio. In una grotta lì vicino viveva il gigante Polifemo, che pascolava il suo gregge alle pendici del vulcano.

La bellezza e la grazia di Galatea furono adocchiate da Polifemo, che segretamente osservava la ninfa e sognava di poterla accarezzare e di potersi prendere cura di lei; in cambio gli sarebbe bastato soltanto un piccolo sorriso o un tocco gentile. Polifemo sognava l'amore, un bacio tenero, una semplice carezza e il sentimento prese il sopravvento sulla ruvida corteccia del mostro; così il gigante addolcì i suoi pensieri, ammorbidì il suo sguardo, levigò la sua anima:

– Questa esistenza meschina, questo destino di solitudine, questo quotidiano silenzio, questa vita, potrebbe essere una vita nuova se avessi accanto lei. Se ci fosse lei ad aspettarmi, a ridere con me, passeggeremmo mano nella mano e il mondo sembrerebbe più bello, dormiremmo insieme e il letto sarebbe più caldo. Lei potrà insegnarmi a essere felice. Io la voglio.

Ma la bellezza della ninfa attrasse pure un giovane pastorello. Si chiamava Aci e dalla prima volta in cui aveva visto la ragazza non faceva altro che trovare pretesti per pascolare il suo gregge vicino al mare. Galatea sapeva di essere amata dal pastore e conosceva il desiderio di Polifemo così, senza alcun dubbio, scelse Aci e a lui regalò il suo primo sguardo, e il giovane pensò:

– Questa esistenza meschina, questo destino di solitudine, questo quotidiano silenzio, questa vita, potrebbe essere una vita nuova se avessi accanto lei. Se ci fosse lei ad aspettarmi, a ridere con me, passeggeremmo mano nella mano e il mondo sembrerebbe più bello, dormiremmo insieme e il letto sarebbe più caldo. Lei potrà insegnarmi a

essere felice. Io la amo.

Il ciclope si struggeva di malinconia, e non sapeva come attrarre a sé quella splendida ninfa. Rovistò fra i suoi aggeggi e trovò un flauto che da tempo non usava. Attese il tramonto e si accovacciò sul promontorio suonando delle incantevoli melodie, immaginò Galatea corrergli incontro per ringraziarlo e scambiarsi un abbraccio, un sorriso; ma lo sguardo e il cuore, Galatea li aveva donati già ad Aci e adesso passeggiava con lui mano nella mano.

I due innamorati camminarono fino al tramonto diretti verso il promontorio.

Polifemo, mentre suonava il flauto, vide avvicinarsi qualcuno e arrossì pensando che fosse

Ciclope: nell'antichità in Sicilia vivevano degli elefanti nani. Il teschio dell'elefante deve aver tratto in inganno gli antichi. Infatti l'innesto della proboscide sarà stato scambiato per l'orbita di un occhio gigante. Potrebbe spiegarsi così la nascita del mito dei ciclopi.

Galatea, suonò meglio e continuò a suonare fin quando vide che Galatea sulla spiaggia non era sola e si accorse che i baci che lui sognava erano tutti per l'altro, i sospiri e le carezze erano solo per l'altro, che era quell'altro a sfiorarle i capelli e non lui.

Si alzò. I capillari del suo occhio si gonfiarono, arrossì, i muscoli s'irrigidirono. Lasciò cadere il flauto e lo schiacciò come se stesse schiacciando il proprio cuore e urlò:

– AAAAAAAARRRGGHHHHH! Che credevo? Che credevo, io? Stupido, disgraziato figlio di Poseidone, io... maledetto mostro! Che credevo, che una ninfa potesse innamorarsi di me? Di un mostro? Eppure erano dolci i miei pensieri, dolci sono queste lacrime, e soffro come soffre chi è solo e lo resterà; soffro come tutti coloro che mostri non sono.

Galatea, sentite le urla del ciclope, abbracciò Aci.

– Scappa! – gli disse lei – Scappa, altrimenti Polifemo ti ucciderà!

Aci accarezzò per l'ultima volta Galatea ma

non fece in tempo a scappare che un enorme masso scagliato dal gigante gli piovve addosso, uccidendolo.

Polifemo tornò solo nella sua grotta. Tutto era finito.

Galatea si gettò sul suo innamorato che sembrava ancora vivo per quanto era bello. Poi invocò gli dèi e chiese pietà per quel giovane colpevole solo di averla amata. Gli dèi ascoltarono la ninfa e trasformarono il sangue del pastore in ruscelli e i ruscelli in un fiume che lento sfocia nel mare. Così Galatea poté tornare a stare per sempre col suo amato Aci, bagnandosi nelle sue acque dolci all'ombra del vulcano.

Aci: una passeggiata presso la villa belvedere di Acireale vi permetterà di ammirare un gruppo marmoreo realizzato dallo scultore acese Rosario Anastasi che rappresenta la povera Galatea che invoca gli dèi, con Aci appena ucciso da Polifemo.

Indice

I miti in Sicilia

*

di Riccardo Francaviglia

IMPAGINAZIONE .... Livio Sgarlata

ILLUSTRAZIONI .... Riccardo Francaviglia

EDITING .... Surya Amarù

STAMPA .... Tipografia Ital Grafica

Splēn edizioni aderisce alla campagna «libri amici delle foreste»
lanciata da Greenpeace e nessuna foresta è stata distrutta per
produrre questo libro.
Questo libro è stato stampato su carta riciclata senza uso di
cloro e con alte percentuali di fibre post-consumo.
È inoltre dotata di certificazione FSC.

Splēn
edizioni

Finito di stampare nel mese di giugno 2015
presso Ital Grafica – Aci Sant'Antonio (CT)
per conto di Splēn edizioni

ristampa	anno
1	2015